3

DAS ANDERE

COM BORGES

DAS ANDERE

Com Borges
Con Borges
© Alberto Manguel, 2004
Publicado em acordo com Schavelzon Graham Agencia Literaria
© Editora Âyiné, 2018, 2020, 2022
Todos os direitos reservados
Tradução: Priscila Catão
Preparação: Lígia Azevedo
Revisão: Fernanda Alvares, Andrea Stahel
Capa: Julia Geiser
Projeto gráfico: Luísa Rabello
Produção gráfica: Clarice G Lacerda
ISBN: 978-85-92649-31-9

Âyiné

Direção editorial: Pedro Fonseca
Coordenação editorial: Luísa Rabello
Coordenação de comunicação: Clara Dias
Assistente de comunicação: Ana Carolina Romero
Assistente de design: Rita Davis
Conselho editorial: Simone Cristoforetti,
Zuane Fabbris, Lucas Mendes

Praça Carlos Chagas, 49 — 2º andar
30170-140 Belo Horizonte, MG
+55 31 3291-4164
www.ayine.com.br | info@ayine.com.br

Alberto Manguel

COM BORGES

TRADUÇÃO
Priscila Catão

Âyiné

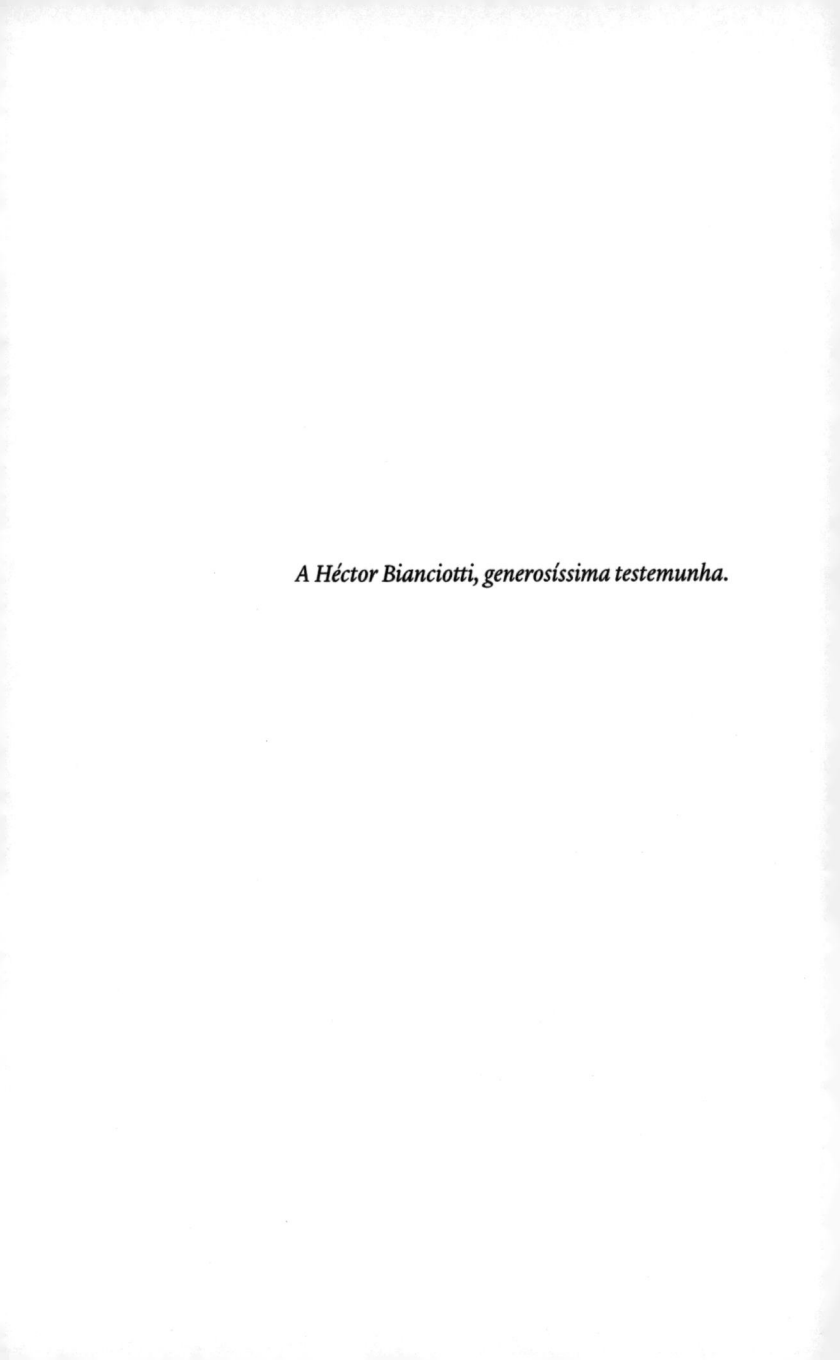

A Héctor Bianciotti, generosíssima testemunha.

Minha memória me leva a uma certa tarde... em Buenos Aires. Eu o vejo; vejo o bico de gás; era possível pôr minha mão nas prateleiras. Sei exatamente onde encontrar *As mil e uma noites* de Burton e a *Conquista do Peru* de Prescott, apesar de a biblioteca não mais existir.

Jorge Luis Borges, *Esse ofício do verso*

Abro caminho com os ombros no meio da multidão na Calle Florida, entro na recém-construída Galería del Este, saio pelo outro lado, atravesso a Calle Maipú e, encostando-me na fachada de mármore vermelho do número 994, pressiono o botão do 6B. Entro no hall frio do prédio e subo os seis andares de escada. Toco a campainha e a empregada abre a porta, mas, antes que ela me deixe entrar, Borges sai de trás de uma cortina, com a postura bastante ereta, terno cinza abotoado, camisa branca e gravata amarela listrada levemente torta, arrastando-se um pouco ao se aproximar. Cego desde antes dos sessenta anos, ele se move hesitante mesmo num espaço que conhece tão bem quanto o seu. Estende a mão direita e me dá as boas-vindas com um aperto distraído e fraco. Não há mais formalidades. Ele se vira e me guia até a sala de estar, sentando-se ereto no sofá virado para entrada. Eu me acomodo na poltrona à sua direita e ele pergunta (mas as suas perguntas são quase sempre retóricas): «Bem, que tal lermos Kipling esta noite?».

Por vários anos, de 1964 a 1968, tive a sorte de estar entre os muitos que leram para Jorge Luis Borges. Depois do colégio, eu trabalhava na Pygmalion, uma livraria anglo-germânica em Buenos Aires, da qual Borges era cliente assíduo. A Pygmalion era um dos pontos de encontro dos interessados em literatura na cidade. A proprietária, a srta. Lili Lebach, uma alemã que escapara dos horrores nazistas, adorava oferecer aos clientes as mais novas publicações europeias e norte-americanas. Era uma ávida leitora de suplementos literários, não apenas de catálogos de editoras, e tinha o dom de combinar suas descobertas com o gosto dos clientes. Ela me ensinou que um livreiro precisa conhecer as mercadorias que está vendendo, e insistia para que eu lesse muitos dos novos títulos que chegavam à loja. Não era necessário muito tempo para me convencer.

Borges frequentava a Pygmalion no fim da tarde, quando saía da Biblioteca Nacional, onde trabalhava como diretor. Um dia, após escolher alguns títulos, me convidou para visitá-lo e ler para ele à noite, caso eu não tivesse mais nada para fazer, pois sua mãe, já na casa dos noventa anos, se cansava facilmente. Borges podia convidar qualquer pessoa: estudantes, jornalistas que iam entrevistá-lo, outros escritores. Há um vasto grupo de pessoas que leram em voz alta para ele, pequenos Boswell que raramente sabem a identidade um do outro, mas que coletivamente guardam a memória de um dos grandes leitores do mundo. Eu não sabia a respeito deles na época. Tinha dezesseis anos. Aceitei, e três ou quatro vezes por semana visitava Borges no pequeno apartamento que dividia com a mãe e com Fany, a empregada.

Naquela época, eu certamente não me dava conta do privilégio. Minha tia, que o admirava bastante, ficava ligeiramente escandalizada com minha indiferença e me incentivava a tomar notas, a fazer um diário dos meus encontros. Porém, para mim, aquelas noites com Borges realmente não eram (na arrogância da adolescência) algo extraordinário, nem estranho ao mundo dos livros, que eu sempre presumira ser meu. Na verdade, era a maioria das outras conversas que me pareciam estranhas, desinteressantes — conversas com meus professores sobre química e sobre a geografia do Atlântico sul, com meus colegas de escola sobre futebol, com meus parentes sobre o resultado das minhas provas e minha saúde, com vizinhos sobre os outros vizinhos. As conversas com Borges eram, ao contrário, o que, na minha mente, toda conversa deveria ser: sobre livros e seu funcionamento, sobre escritores que eu ainda não tinha lido, sobre ideias que não tinham me ocorrido ou que eu vislumbrara de maneira hesitante, meio que por intuição, e que na voz de Borges reluziam e deslumbravam com todo o seu intenso esplendor, de certa maneira óbvio. Eu não tomava notas porque durante aquelas noites me sentia feliz demais.

Desde as minhas primeiras visitas, o apartamento de Borges me parecia existir fora do tempo, ou em um tempo criado a partir das experiências literárias de Borges, composto das eras cadenciadas da Inglaterra vitoriana ou eduardiana, do início da Idade Média nórdica, da Buenos Aires das décadas de 1920 e 1930, de sua amada Genebra, da época do Expressionismo Alemão, dos anos odiados de Perón, dos verões em Madri e Mallorca, dos meses passados na Universidade de Austin, no Texas, onde foi generosamente admirado pela primeira vez nos Estados Unidos. Esses eram seus pontos de referência, sua história e sua geografia: o presente raramente se intrometia. Para um homem que amava viajar, mas que não conseguia enxergar os lugares que visitava (universidades e fundações passaram a convidá-lo regularmente apenas em meados da década de 1960), Borges tinha particular desinteresse pelo mundo físico, exceto como representações de suas leituras. A areia do Saara ou a água do Nilo, o litoral da Islândia, as ruínas da Grécia e de Roma, todos os quais ele tocara com prazer e admiração, simplesmente confirmavam a memória de uma página de *As mil e uma noites* ou da Bíblia, da *Saga de Njáll*, ou de

Homero ou Virgílio. Ele trazia todas essas «confirmações» para seu apartamento.

Lembro do apartamento como um lugar abafado, morno, de cheiro adocicado (devido à insistência da empregada em manter o aquecedor numa temperatura alta e de borrifar *eau de cologne* no lenço de Borges antes de colocá-lo, com as pontas visíveis, no bolso do peito do seu paletó). Também era razoavelmente escuro, e todas essas características pareciam se harmonizar com a cegueira do velho senhor, criando uma sensação de isolamento feliz.

Sua cegueira era de um tipo particular. Foi aumentando pouco a pouco desde os trinta anos e se firmou de vez depois do 58º aniversário. Era uma cegueira esperada desde o nascimento, pois ele sempre soubera que herdara a visão fraca do seu bisavô inglês e da sua avó, tendo ambos morrido cegos; e também do seu pai, que ficou cego com mais ou menos a mesma idade de Borges, mas recuperou a visão após ser operado alguns anos antes de falecer, ao contrário do filho. Com frequência, Borges discutia sua própria cegueira, principalmente com um interesse literário: em um famoso poema, ela lhe aparece como demonstração da «ironia de Deus» que lhe dera «livros e a noite»; mas também sob o aspecto histórico, como quando lembrava de poetas cegos renomados, como Homero e Milton; ou supersticiosamente, pois foi o terceiro diretor da Biblioteca Nacional a ser acometido pela cegueira, depois de José Mármol e Paul Groussac; com um interesse quase científico, lamentando não poder mais enxergar a cor preta na névoa acinzentada que o cercava e se alegrando com o amarelo, a única cor que lhe restava, a cor dos seus amados tigres e das rosas que preferia, um gosto que levava seus amigos a lhe comprarem gravatas de um amarelo berrante em todos os seus aniversários, e Borges a citar Oscar Wilde: «Apenas um surdo usaria uma gravata como essas»; com um humor elegíaco, dizendo que a cegueira e a velhice eram maneiras diferentes de ficar sozinho. A cegueira o obrigava a ficar dentro da cela solitária em que compôs seus últimos trabalhos, construindo frases na cabeça até que estivessem prontas para serem ditadas a quem quer que estivesse à disposição.

«Pode anotar isso?» Ele está se referindo às palavras que acabou de compor e decorar. Dita uma por uma, entoando as cadências que ama e indicando os sinais de pontuação. Recita o novo poema verso a verso, sem seguir o sentido até a estrofe seguinte, mas parando no fim de cada verso. Então pede que leiam para ele, uma, duas, cinco vezes. Desculpa-se pelo pedido, mas depois pede outra vez, escutando as palavras, visivelmente revirando-as na cabeça. Em seguida acrescenta outra frase, e mais outra. O poema ou parágrafo (pois às vezes ele se arrisca a escrever prosa novamente) toma forma no papel, assim como aconteceu na sua imaginação. É estranho

pensar que a composição recém-nascida aparece pela primeira vez numa letra que não é a do autor. O poema é concluído (um texto em prosa requer vários dias). Borges pega o pedaço de papel, dobra-o, guarda-o na carteira ou dentro de um livro. Curiosamente, faz o mesmo com o dinheiro: pega uma nota, dobra e coloca dentro de um dos volumes da sua biblioteca. Depois, quando precisa pagar alguma coisa, tira um livro e (às vezes) encontra o tesouro.

No seu apartamento (assim como no escritório que ocupou por tantos anos na Biblioteca Nacional), Borges buscava o conforto da rotina, e nada parecia mudar nos espaços que ocupava. Toda noite, na hora em que eu atravessava a cortina da entrada, a disposição do apartamento se revelava de uma vez só. À direita, uma mesa escura coberta com um tecido rendado e quatro cadeiras de encosto reto constituíam a sala de jantar; à esquerda, debaixo de uma janela, havia um sofá gasto e duas ou três poltronas. Borges se sentava no sofá e eu ocupava uma das poltronas, virado para ele. Seus olhos cegos (eles sempre tinham um olhar melancólico, mesmo quando se enrugavam com uma risada) fixavam um ponto do espaço enquanto ele falava e meus próprios olhos perambulavam pelo cômodo, reabituando-se aos objetos familiares de sua vida cotidiana: uma pequena mesa onde deixava uma caneca prateada e um mate que pertencera ao seu avô, uma escrivaninha em miniatura que datava da primeira comunhão de sua mãe, duas prateleiras brancas com enciclopédias na parede e duas estantes baixas de livros, de madeira escura. Na parede, havia uma pintura feita por sua irmã, Norah, retratando a Anunciação, e uma gravura de Piranesi mostrando misteriosas ruínas circulares. Mais à esquerda, um corredor curto levava aos quartos: o da mãe, cheio de fotografias antigas, e o dele, simples como a cela de um monge. Às vezes, quando estávamos prestes a sair para uma caminhada noturna ou para jantar no Hotel Dora do outro lado da rua, a voz incorpórea de Doña Leonor nos alcançava: «Georgie, não esqueça seu suéter, pode fazer frio!». Doña Leonor e Beppo, o grande gato branco, eram duas presenças fantasmagóricas naquele lugar.

Eu não via muito Doña Leonor. Ela costumava estar no quarto quando eu chegava, e apenas sua voz dava alguma instrução ou recomendação de vez em quando. Borges chamava-a de *Madre*, e ela sempre usava «Georgie», o apelido inglês que a avó de Northumberland lhe dera. Borges sabia, desde a mais tenra idade, que seria escritor, e sua vocação foi aceita como parte da mitologia familiar. Tanto que, em 1909, Evaristo Carriego, um poeta da vizinhança e amigo dos pais de Borges (além de tema de um dos primeiros livros de Borges) compôs alguns versos em homenagem ao garoto de dez anos que adorava ler:

Y que tu hijo, el niño aquél
De tu orgullo, que ya empieza
A sentir en la cabeza
Breves ansias de laurel,
Vaya, siguiendo la fiel
Ala de la ensoñación
A continuar la vendimia
Que dará la uva eximia
Del vino de la Canción.[1]

A relação de Doña Leonor com o filho famoso era feroz e previsivelmente protetora. Certa vez, ao ser entrevistada para um documentário da televisão francesa, cometeu uma gafe inconsciente que teria divertido Freud. Ao responder a uma pergunta sobre ser a secretária de Borges, ela explicou que ajudara o marido cego no passado e que agora fazia o mesmo para o filho. Ela queria dizer: «*J'ai été la main de mon mari; maintenant, je suis la main de mon fils*» [Eu era a mão do meu marido, agora sou a mão do meu

---

1 Em tradução livre: «E que teu filho, a criança/ que é teu orgulho, que já começa/ a sentir na cabeça/ breves anseios por louros,/ siga, acompanhando a fiel/ asa da fantasia,/ continuando a vindima/ que dará a uva exímia/ do vinho da Canção». Evaristo Carrigo, «La canción del barrio», in *Poesias*, Barcelona, 1913. [N. E.]

filho]. Porém, por abrir o ditongo em *main*, como os que falam espanhol costumam fazer, acabou soando como: «*J'ai été l'amant de mon mari; maintenant, je suis l'amant de mon fils*» [Eu era a amante do meu marido; agora sou a amante do meu filho]. Aqueles que sabiam como era possessiva não ficaram surpresos.

O quarto de Borges (às vezes ele pedia que eu buscasse algum livro lá) era o que historiadores militares chamam de «espartano». Uma cama de ferro com uma manta branca em que Beppo às vezes se enroscava, uma cadeira, uma pequena mesa e duas estantes de livros baixas eram os únicos móveis. Na parede, havia um prato de madeira pendurado com os brasões dos vários cantões da Suíça, e a gravura *O cavaleiro, a Morte e o Diabo*, de Dürer, que Borges enaltecera em dois sonetos meticulosos. De acordo com seu sobrinho, Borges repetiu ao longo da vida o mesmo ritual antes de adormecer: vestia com dificuldade um longo camisão branco de dormir, fechava os olhos e recitava em voz alta o pai-nosso em inglês.

Seu mundo era inteiramente verbal: a música, a cor e a forma raramente entravam nele. Borges confessou muitas vezes que sempre tinha sido cego em relação à pintura. Afirmou que gostava do trabalho de seu amigo Xul Solar e de sua irmã Norah, e de Dürer, Piranesi, Blake, Rembrandt e Turner, mas esses eram amores literários, e não iconográficos. Criticou El Greco por povoar seus céus com duques e arcebispos («Um Paraíso que lembra o Vaticano: minha ideia de Inferno...») e raramente comentava sobre outros pintores. Também parecia surdo à música. Disse que admirava Brahms (um de seus melhores contos se chama «Deutsches Requiem»), mas raramente escutava suas composições. De vez em quando, depois de ouvir Mozart, jurava que tinha se convertido e que não entendia como tinha vivido por tanto tempo sem Mozart; depois se esquecia completamente daquilo até sua próxima epifania. Cantarolava ou cantava tangos (os mais antigos) e milongas, mas detestava Astor Piazzolla, que tão habilmente renovara a música de Buenos Aires. O tango, de acordo com Borges, entrara em declínio após 1910. Em 1965, ele escreveu as letras de meia dúzia de milongas, mas disse que nunca escreveria as letras de um tango. «O tango apareceu tarde, e para meus ouvidos é sentimental demais, parece muito as músicas melosas francesas, como *Lorsque tout est fini*...». Dizia que gostava de jazz. Lembrava-se da música que acompanhava certos filmes — menos por causa da música em si e mais pela maneira como contribuía para a história, como a trilha de Bernard Herrmann para *Psicose*, um filme que muito admirava como «outra versão do Doppelgänger, em que o assassino se transforma na mãe, a pessoa que ele assassinou». Ele achava essa ideia misteriosamente simpática.

Ele me convida para ver um filme, o musical Amor, sublime amor. *Já o viu várias vezes e não parece cansar dele nunca. No caminho, cantarola* Maria *e observa como é verdade que o nome da pessoa amada se transforma de um simples nome em uma elocução divina: Beatrice, Julieta, Lesbia, Laura.* «*Depois, tudo se contamina por esse nome*», *diz ele.* «*Claro, talvez isso não tenha o mesmo efeito se o nome da garota for Gumersinda, hein? Ou Busterfrieda. Ou Bertha-aux-Grands-Pieds, não é?*», *conclui, rindo. Sentamos no cinema enquanto as luzes se apagam. É mais fácil ficar ao lado de Borges durante um filme que ele já viu, pois há menos para descrever. De vez em quando, finge que consegue enxergar o que está acontecendo na tela, provavelmente porque alguém descreveu para ele em outra sessão. Comenta a qualidade épica da rivalidade entre as gangues, o papel das mulheres, o uso da cor vermelha. Depois, enquanto o acompanho até sua casa, fala de cidades que são personagens literários: Troia, Cartago, Londres, Berlim. Poderia ter acrescentado Buenos Aires, a que ele concedeu uma espécie de imortalidade. Ama caminhar pelas ruas de Buenos Aires; inicialmente, pelas dos bairros do sul; depois, pelo centro lotado, onde, assim como Kant em Königsberg, ele quase se tornou uma característica da paisagem.*

Para um homem que falava do universo como de uma biblioteca e que confessou ter imaginado o Paraíso «*bajo la forma de una biblioteca*»,² o tamanho de sua própria biblioteca o decepcionava, talvez por ele saber que, assim como dissera em outro poema, a linguagem no máximo consegue «simular a sabedoria».³ As visitas esperavam um lugar abarrotado de livros, com prateleiras quase explodindo, pilhas de publicações bloqueando as portas e se protuberando de todos os espaços, uma selva de tinta e papel. Em vez disso, encontravam um apartamento onde os livros ocupavam alguns cantos discretos. Quando o jovem Mario Vargas Llosa visitou Borges em algum momento em meados dos anos 1950, fez uma observação sobre o ambiente de mobília simples e perguntou por que o mestre não morava num lugar mais grandioso, mais luxuoso. Borges se ofendeu imensamente com a observação. «Talvez as coisas sejam assim em Lima», disse para o indiscreto peruano, «mas aqui em Buenos Aires não gostamos de ostentar».

As poucas estantes, no entanto, continham a essência da leitura de Borges, a começar por aquelas onde ficavam enciclopédias e dicionários, que eram seu orgulho. «Sabe», dizia ele, «gosto de fingir que não sou cego e fico cobiçando livros como um homem que consegue enxergar.

2 Em tradução livre: «sob o modelo de uma biblioteca». Jorge Luis Borges, «Poema dos dons». [N. E.]
3 Jorge Luis Borges, «Outro poema dos dons». [N. E.]

Cobiço enciclopédias novas. Imagino que estou acompanhando em seus mapas o curso dos rios e que encontro coisas maravilhosas nos muitos verbetes». Ele gostava de explicar que, quando criança, acompanhava o pai até a Biblioteca Nacional e, tímido demais para pedir um livro, simplesmente pegava um dos volumes da *Brittanica* nas prateleiras e lia qualquer artigo que se abrisse diante dos seus olhos. Às vezes dava sorte, como na vez em que, disse ele, escolheu o volume *De-Dr* e aprendeu sobre druidas, drusas e Dryden. Nunca abandonou o costume de confiar no acaso organizado de uma enciclopédia, e passava muitas horas folheando, e também pedindo para que lessem, a *Bompiani*, a *Brockhaus*, a *Meyer*, a *Chambers*, a *Britannica* (a 11ª edição, com ensaios de De Quincey e Macauley, que comprara com o dinheiro que ganhara em 1928 com o segundo lugar de um prêmio municipal) ou o *Diccionario Enciclopédico Hispanoamericano* de Montaner e Simón. Eu procurava para ele um artigo sobre Schopenhauer ou xintoísmo, Joana, a Louca, ou o *fetch* escocês. Em seguida, ele pedia para que um fato particularmente interessante fosse anotado, com o número da página, no fim do volume revelador. Observações misteriosas de uma variedade de mãos enchiam as folhas de guarda de seus livros.

As duas estantes baixas na sala de estar tinham obras de Stevenson, Chesterton, Henry James, Kipling. Delas, ele tirou uma pequena edição de capa vermelha de *Stalky and Co.*, com a cabeça do deus elefante Ganesha e a suástica hindu que Kipling escolhera como seu emblema para depois renegá-lo, quando o antigo símbolo tinha sido cooptado pelos nazistas; era a cópia que Borges tinha comprado durante sua adolescência em Genebra, a mesma cópia que me daria como presente de despedida quando deixei a Argentina, em 1968. Também era nessas estantes que ele me fazia buscar os volumes das histórias de Chesterton e dos ensaios de Stevenson que lemos em muitas noites, os quais comentava com perspicácia e inteligência maravilhosas, não apenas compartilhando comigo sua paixão por esses grandes escritores, mas também me mostrando como trabalhavam, desmontando os parágrafos com a intensidade amorosa de um relojoeiro. Nelas, ele também guardava *An Experiment with Time* de J. W. Dunne, vários livros de H. G. Wells, *A pedra da lua*, de Wilkie Collins, vários romances de Eça de Queiroz com encadernações de papelão amareladas, livros de Lugones, Güiraldes e Groussac, *Ulysses* e *Finnegans Wake* de Joyce, *Vidas imaginárias* de Marcel Schwob, romances policiais de John Dickson Carr, Milward Kennedy e Richard Hull, *A vida no Mississippi* de Mark Twain, *Buried Alive* de Enoch Bennett, uma pequena edição em brochura de *A mulher-raposa* e *Um homem no jardim zoológico* com delicadas ilustrações, as obras (mais ou menos) completas de Oscar Wilde e as obras (mais ou menos) completas de Lewis Carroll, *A decadência do Ocidente* de Spengler, os vários volumes de *Declínio e queda* de Gibbon, vários livros sobre matemática e filosofia, incluindo volumes de Swedenborg, Schopenhauer e de seu adorado *Wörterbuch der Philosophie* [Dicionário de filosofia], de Fritz Mauthner. Vários desses livros acompanhavam Borges desde sua adolescência; outros, aqueles em inglês e em alemão, tinham a etiqueta das livrarias de Buenos Aires onde haviam sido comprados. Nenhuma delas existe mais: Mitchell's, Rodriguez, Pygmalion. Borges contava às visitas que a biblioteca de Kipling (que ele visitara) curiosamente tinha mais livros de não ficção, história e turismo na Ásia, especialmente na Índia. A conclusão de Borges era que Kipling não queria nem precisava das obras de outros poetas ou escritores de ficção, como se achasse que suas próprias criações supriam suas necessidades. Borges achava o contrário: dizia que acima de tudo era um leitor e queria os livros dos outros ao seu redor. Ainda tinha a grande edição de encadernação vermelha da Garnier em que tinha lido *Dom Quixote* pela primeira vez (uma segunda cópia, comprada quando tinha pouco menos de trinta anos depois que a primeira desapareceu), mas não a tradução inglesa dos contos dos irmãos Grimm, o primeiro livro que ele se lembrava de ter lido na vida.

As estantes de seu quarto tinham volumes de poesia e uma das maiores coleções de literatura anglo-saxã e islandesa da América Latina. Era lá que Borges guardava os livros que usava para estudar o que chamava de

as ásperas e laboriosas palavras
que, com uma boca feita pó,
usei nos dias de Nortúmbria e de Mércia,
antes de ser Haslam ou Borges.[4]

Alguns eu conhecia por ter vendido para ele na Pygmalion: o dicionário de Skeat, uma versão anotada de *The Battle of Maldon*, *Altgermanische Religionsgeschichte* de Richard Meyers. Na outra estante ficavam os poemas de Enrique Banchs, de Heine, de São João da Cruz e muitos comentários sobre Dante: de Benedetto Croce, Francesco Torraca, Luigi Pietrobono, Guido Vitali.

Em algum lugar (talvez no quarto da mãe), ficava a literatura argentina que acompanhara a família em sua viagem à Europa, pouco antes da Primeira Guerra Mundial: *Facundo* de Sarmiento, *Siluetas militares* de Eduardo Gutiérrez, os dois volumes sobre a história argentina de Vicente Fidel López, *Amalia* de Mármol, *Prometeo*

---

4 Jorge Luis Borges, «Ao iniciar o estudo da gramática anglo-saxônica». [N. E.]

y Cía de Eduardo Wilde, *Rosas y su tiempo* de Ramos Mejía, vários volumes da poesia de Leopoldo Lugones. E *Martín Fierro* de José Hernández, o épico nacional argentino que o adolescente Borges escolheu para levar a bordo, um livro que Doña Leonor desaprovava devido aos momentos de cor local e de violência vulgar.

Seus próprios livros não se encontravam nas prateleiras do apartamento. Borges dizia orgulhosamente às visitas que pediam para ver uma edição antiga de alguma de suas obras que não possuía um único volume que tivesse seu nome «eminentemente esquecível». Certa vez, durante uma visita minha, o carteiro trouxe um grande volume contendo uma edição de luxo de seu conto «O congresso», publicada na Itália por Franco Maria Ricci. Era um livro enorme encadernado e envolto em seda preta, com o título em folhas de ouro e impresso em papel Fabriano azul feito à mão, com cada ilustração (o conto tinha sido ilustrado com pinturas tântricas) colada nas páginas e cada cópia enumerada. Borges pediu que eu o descrevesse. Ele escutou cuidadosamente e então exclamou: «Mas isso não é um livro, é uma caixa de bombons!». Em seguida, deu-o de presente para o envergonhado carteiro.

Às vezes, ele mesmo escolhe um livro nas prateleiras. Sabe, claro, onde cada volume está guardado e vai até ele infalivelmente. Porém às vezes ele se encontra num lugar em que as prateleiras não lhe são familiares, numa livraria desconhecida por exemplo, e é então que acontece algo misterioso. Borges passa as mãos nas lombadas dos livros como se estivesse tateando a superfície rugosa de um mapa em alto-relevo e, mesmo não conhecendo o território, sua pele parece ler a geografia. Ao passar os dedos em livros que nunca abriu antes, algo como uma intuição de artesão lhe revela o que está tocando, e ele consegue decifrar títulos e nomes que certamente não consegue ler. (Certa vez, vi um padre basco idoso fazer o mesmo em meio a nuvens de abelhas, conseguindo dividi-las e enviá-las a colmeias diferentes; e também me lembro do guarda-florestal das Montanhas Rochosas canadenses que sabia exatamente em que parte da floresta estava apenas lendo o líquen nos troncos com o dedo.) Garanto que existe entre esse velho bibliotecário e seus livros uma relação que as leis da fisiologia julgariam impossível.

Para Borges, o âmago da realidade estava nos livros: em ler livros, escrever livros, conversar sobre livros. De maneira visceral, ele sabia que dava continuidade a um diálogo iniciado havia milhares de anos, o qual ele acreditava que nunca terminaria. Livros restauravam o passado. «Com o tempo», disse-me ele, «cada poema se torna uma elegia». Não tinha paciência com teorias literárias passageiras e culpava a literatura francesa em particular por se concentrar não em livros, mas em escolas e *coteries*. Adolfo

Bioy Casares me disse uma vez que Borges era o único homem que ele conhecia que, em relação à literatura, «nunca cedera à convenção, ao costume ou à preguiça». Ele era um leitor ocasional que se contentava, às vezes, com resumos do enredo e artigos em enciclopédias, e que confessava que, apesar de nunca ter terminado *Finnegans Wake*, adorava dar aulas sobre o monumento linguístico de Joyce. Nunca se sentia obrigado a ler um livro até a última página. Sua biblioteca (que, como a de todos os outros leitores, também era sua autobiografia) refletia sua crença no acaso e nas regras da anarquia. «Sou um leitor que busca o prazer: nunca permiti que meu senso de dever influenciasse algo tão pessoal quanto a compra de livros.»

Essa abordagem generosa em relação à literatura (que Borges compartilhava com Montaigne, Sir Thomas Browne e Laurence Sterne) explica por sua vez o porquê de ele aparecer em tantas obras diferentes e variadas hoje reunidas pelo denominador comum de sua presença: a primeira página de *As palavras e as coisas*, de Michel Foucault, cita uma famosa enciclopédia chinesa (imaginada por Borges) em que os animais eram divididos em várias categorias incongruentes, como «aqueles que pertencem ao Imperador» e «aqueles que parecem moscas de longe»; o personagem do bibliotecário cego e criminoso que, com o nome de Jorge de Burgos, assombra a biblioteca monástica em *O nome da rosa*, de Umberto

Eco; a referência encantadora e esclarecedora ao texto
«Os tradutores de *As mil e uma noites*», de 1932, no livro
fundamental sobre tradução *Depois de Babel*, de George
Steiner; as frases finais de *Nova refutação do tempo*, ditas
pela máquina moribunda em *Alphaville*, de Godard; as
feições de Borges se fundindo às de Mick Jagger na cena
final do fracassado filme *Performance* de Roeg e Cammell,
de 1968; o encontro com o Velho Sábio de Buenos Aires
em *Na Patagônia* de Bruce Chatwin e *Dead Man's Chest* de
Nicholas Rankin. Nos últimos anos de sua vida, ele tentou
escrever uma história chamada *A memória de Shakespeare*
(texto que publicou apesar de achar que não havia atingido
seu objetivo), sobre um homem que herda a memória do
autor de *Hamlet*. De Foucault e Steiner a Godard e Eco e os
leitores mais anônimos, todos herdamos a vasta memória
literária de Borges.

Ele se lembrava de tudo. Não precisava de cópias
dos livros que escrevera: apesar de fingir que perten-
ciam ao passado esquecível, conseguia recitar, corrigir
e alterar na memória seus escritos, normalmente para
estupefação e deleite de seus ouvintes. O olvido era um
desejo muito repetido (talvez por saber que para ele era
impossível), e esquecer, uma afetação. Ele dizia a um
jornalista que não se lembrava mais das suas primeiras obras; o jornalista, tentando lisonjeá-lo, recitava
alguns versos mal lembrados de um poema, Borges

corrigia calmamente as imprecisões e continuava, de cor, o poema até o fim. Ele escrevera uma história, *Funes, o memorioso*, que dizia ser «uma longa metáfora sobre a insônia». Também era uma metáfora para sua implacável memória. «Minha memória, senhor», diz Funes ao narrador, «é uma pilha de lixo». Essa «pilha de lixo» permitia que ele associasse versos havia muito esquecidos a textos mais conhecidos e que apreciasse certos escritos por causa de uma única palavra ou da musicalidade da linguagem. Devido à sua memória colossal, toda leitura era uma releitura. Seus lábios moviam-se acompanhando as palavras ditas, articulando frases que tinha aprendido décadas antes. Ele se lembrava das letras de tangos antigos, versos atrozes de poetas havia muito tempo falecidos, trechos de diálogos e descrições de todos os tipos de romances e histórias, adivinhações e piadas curtas, poemas longos em inglês, alemão, espanhol e também em português e italiano, observações sarcásticas, trocadilhos e quintilhas humorísticas, frases das sagas nórdicas, anedotas injuriosas sobre pessoas que conhecia, passagens de Virgílio. Dizia admirar memórias inventivas, como a de De Quincey, que conseguia transformar uma tradução alemã de alguns versos russos sobre os tártaros da Sibéria em setenta páginas esplendidamente «lembradas», ou a de Andrew Lane, que, ao recontar a história de Aladim, de *As mil e uma noites,* «lembrou-se» do tio malvado encostando o ouvido no chão e escutando os passos do seu inimigo do outro lado da Terra — um episódio que o autor da história nunca imaginou.

Às vezes, uma lembrança lhe ocorre e, mais para seu próprio entretenimento do que para o meu, ele começa a contar uma história e termina com uma citação. Ao discutir o «culto da coragem», como ele chama o código dos faquistas de Buenos Aires na virada do século, Borges lembra que um tal de Soto, pugilista profissional, ouve dizer do taberneiro que há outro homem na cidade usando o mesmo nome. O outro é um domador de leões, membro de um circo itinerante que estava na vizinhança para fazer uma apresentação. Soto entra na taberna onde o domador de leões está tomando um drinque e pergunta seu nome. «Soto», responde o domador. «O único Soto aqui sou eu», diz o pugilista, «então pegue uma faca e vá lá para fora». O domador de leões apavorado é obrigado a obedecer e é morto por causa de um código que desconhece completamente. «Esse episódio», me diz Borges, «eu roubei para o fim do meu conto ‹O sul›».

Se ele tivesse um gênero literário preferido (não acreditava em gêneros literários), seria o épico. Nas sagas anglo-saxãs, em Homero, nos filmes de gângsteres e de faroeste de Hollywood, em Melville e na mitologia do submundo de Buenos Aires, ele reconhecia os mesmos temas de coragem e batalha. Para Borges, o épico é uma sede essencial, como aquela por amor, felicidade ou desgraça. «Todas as literaturas começam pelo épico», dizia ele em sua defesa, «não com poemas sentimentais ou íntimos». E citava *A Odisseia* para explicar isso: «Os deuses tecem adversidades para os homens para que as gerações futuras tenham algo para cantar». A poesia épica lhe trazia lágrimas aos olhos.

Ele amava a língua alemã. Aprendera-a sozinho aos dezessete anos na Suíça, durante as longas noites com toque de recolher imposto pela guerra, lendo com esforço os poemas de Heine. «Depois que se aprende o significado de *Nachtigall, Liebe, Herze*, é possível ler Heine sem a ajuda de nenhum dicionário», disse. E gostava das possibilidades que o alemão abria para a invenção de palavras, como o *Nebelglanz* [o brilho da névoa] de Goethe. Ele deixava as palavras ressoarem pelo cômodo: «*Füllest wider Busch und Thal still mit Nebelglanz*». Enaltecia a transparência da linguagem e criticava Heidegger por ter inventado o que ele chamava de «um dialeto incompreensível do alemão».

Ele amava romances policiais. Achava em sua fórmula as estruturas narrativas ideais, que permitiam ao escritor de ficção criar seus próprios limites e se concentrar na eficiência das palavras e das imagens feitas de palavras. Gostava de detalhes importantes. Observou uma vez, enquanto líamos o conto de Sherlock Holmes *A liga dos cabeças vermelhas*, que a ficção policial estava mais próxima da noção aristotélica de obra literária do que qualquer outro gênero. De acordo com Borges, Aristóteles afirmara que um poema sobre os trabalhos de Hércules não teria a unidade de *A Ilíada* ou de *A Odisseia*, pois o único fator de união seria o mesmo herói assumindo os vários trabalhos, enquanto na história policial a unidade é dada pelo próprio mistério.

Não era indiferente aos melodramas. Chorava em faroestes e filmes de gângsteres. Soluçou ao fim de *Anjos de cara suja*, quando James Cagney concorda em se comportar como um covarde quando é levado para a cadeira elétrica, para que os garotos que o idolatravam deixem de admirá-lo. Parado à beira dos pampas, uma visão que ele dizia que afetava os argentinos tanto quanto a visão do mar afetava os ingleses, uma lágrima escorria por sua bochecha e ele murmurava: «Caralho, a pátria!». Ficava sem fôlego quando chegavam ao verso em que o marujo norueguês diz para seu rei enquanto o mastro da embarcação real se quebra: «Era a Noruega quebrando-se/ da sua mão, ó rei!»[5] (frase de um poema de Longfellow, usada — salientava Borges — depois por Kipling em *A história mais*

---

[5] Henry Wadsworth Longfellow, *Tales of a Wayside Inn*, *The Saga of King Olaf*, XX, Boston, 1863. [N. E.]

bela do mundo). Uma vez, recitou o pai-nosso em inglês antigo, numa capela saxã caindo aos pedaços perto da Litchfield do dr. Johnson, «para fazer uma surpresinha a Deus». Um certo parágrafo do esquecido escritor argentino Manuel Peyrou o fazia chorar porque mencionava a calle Nicaragua, uma rua perto de onde nasceu. Gostava de recitar quatro versos de Rubén Darío:

> *Boga y boga en el lago sonoro*
> *que en el sueño a los tristes espera*
> *donde aguarda una góndola de oro*
> *a la novia de Luis de Baviera*,[6][7]

porque, apesar das gôndolas e noivas reais que havia muito não existiam, o ritmo o fazia lacrimejar. Ele confessou muitas vezes ser descaradamente sentimental.

Porém também sabia ser cruel. Certa vez, quando estávamos sentados na sala de estar, um escritor cujo nome não direi chegou para ler uma história que tinha escrito em sua homenagem. Como tratava de esfaqueadores e

---

[6] Boga é um tipo de peixe. Em tradução livre: «Boga e boga no lago sonoro/ que no sonho aos tristes espera/ onde aguarda uma gôndola de ouro/ a noiva de Luís da Baviera». [N. T.]

[7] Rubén Darío, ‹Bláson›, in *Prosas profanas y otros poemas*, Buenos Aires, 1896. [N. E.]

gângsteres, achou que Borges gostaria. Borges preparou-se para escutar: mãos na bengala, lábios levemente separados, olhos virados para cima, sugerindo, para alguém que não o conhecia, uma espécie de humildade educada. A história se passava numa taberna cheia de marginais. O inspetor da vizinhança, conhecido por sua bravura, entra desarmado e, somente com a autoridade da voz, obriga os homens a entregarem as armas. O escritor, com entusiasmo, começou então a listá-las: «Uma adaga, dois revólveres, um cassetete de couro...». Borges continuou a frase com sua voz terrivelmente monótona: «Três rifles, uma bazuca, um pequeno canhão russo, quatro cimitarras, dois machetes, uma excelente pistola de rolha». O escritor deu uma risadinha forçada. Porém Borges continuou, implacável: «Três estilingues, um fragmento de tijolo, uma besta, cinco machadinhas, um aríete». O escritor se levantou e nos desejou boa noite. Nunca mais o vimos.

De vez em quando, ele cansa de ouvir as leituras, cansa dos livros, das conversas literárias que repete com leves variações para cada visitante ocasional. É então que gosta de imaginar um universo em que revistas e livros não são necessários porque cada um teria em si toda revista e todo livro, toda história e todo verso. No seu universo (ele o descreveria finalmente com o título «Utopia de um homem que está cansado»), todo homem é um artista, e, portanto, a arte já não é necessária: já não existem galerias, bibliotecas, museus; desapareceram os nomes de indivíduos e países; tudo é maravilhosamente anônimo, nenhum livro é um fracasso ou um sucesso. Ele concorda com Cioran, que, num artigo sobre Borges, lamentou que a fama tivesse, por fim, desenterrado o escritor secreto que ele costumava ser.

Nós o estudamos no colégio. Nos anos 1960, ele não tinha adquirido a fama universal dos seus últimos anos, mas era considerado um dos escritores argentinos «clássicos», e os professores guiavam escrupulosamente os alunos pelos labirintos de suas histórias e pela clareza de seus poemas. Estudar a escrita de Borges em detalhes gramaticais (recebíamos parágrafos de suas histórias para fazer análise sintática) era um exercício misteriosamente fascinante, e foi quando me achei mais perto de compreender como sua imaginação verbal funcionava. Desemaranhar uma frase nos mostrava como sua obra era simples e clara e com que eficiência os verbos harmonizados com substantivos e preposições se encaixam nas orações. Seu uso de adjetivos e advérbios, cada vez mais parco à medida que ele envelhecia, criava novos sentidos para palavras comuns, e a originalidade desses sentidos surpreendia menos do que sua exatidão. Uma frase longa como a que inicia «As ruínas circulares» (conto que a poeta Alejandra Pizarnik sabia recitar de cor do começo ao fim, como um poema) cria um cenário, um clima, uma realidade onírica com a repetição de um substantivo e a pontuação de alguns epítetos surpreendentes:

Ninguém o viu desembarcar na unânime noite, ninguém viu a canoa de bambu sumindo no lodo sagrado, mas em poucos dias ninguém ignorava que o homem taciturno vinha do sul e que sua pátria era uma das infinitas aldeias que estão a montante, na encosta violenta da montanha, onde o idioma zend não se contaminou de grego e onde é infrequente a lepra.

O espaço geográfico é habitado por aquele Ninguém testemunha; «unânime» unido à «noite» e «sagrado» ao «lodo» produz uma escuridão avassaladora e uma sensação de terror sagrado; o sul é definido pela palavra «violenta» (no sentido de «brutal») aplicada à encosta e por mais duas ausências: aquela da língua grega contaminante e da temida doença arquetípica. Não é de surpreender que, na minha adolescência assombrada pelos livros, eu me lembrasse de frases como essa logo antes de adormecer, como um encanto.

A verdade é que Borges renovou a língua espanhola. Em parte, seus métodos generosos de leitura permitiram que desse a ela características de outras línguas: expressões do inglês ou a habilidade alemã de segurar o sujeito até o fim da frase. Seja na escrita ou na tradução, ele aproveitou a liberdade desse senso comum para alterar ou suprimir o supérfluo de um texto. Por exemplo, ao tentar produzir uma versão espanhola de *Macbeth* com Bioy Casares, que nunca seria terminada, sugeriu transformar a famosa convocação das bruxas

When shall we three meet again
In thunder, lightning or in rain?[8]

em

Cuando el fulgor del trueno otra vez
seremos uma sola cosa las tres.[9]

«Se é para traduzir Shakespeare», dizia, «você precisa fazer isso com a mesma liberdade com que ele escrevia. Nós inventamos, portanto, uma espécie de Trindade diabólica para suas três bruxas».

Desde o século XVII, os escritores espanhóis hesitavam entre os polos linguísticos do barroco de Góngora e a severidade de Quevedo; Borges desenvolveu para si mesmo

---

8   Em tradução livre: «Quando nos encontraremos de novo / Com trovão, raio ou chuva?». [N. T.]
9   Em tradução livre: «No fulgor do raio outra vez/ Seremos só uma coisa as três». [N. T.]

tanto um amplo vocabulário multifacetado de novos significados poéticos quanto um estilo enganosamente simples, básico, que (disse ele ao fim da carreira) tentava espelhar o do jovem Kipling em *Plain Tales from the Hills*. Quase todo grande escritor espanhol do século XX admitiu ser devedor de Borges, de Gabriel García Márquez a Julio Cortázar, de Carlos Fuentes a Severo Sarduy, e sua voz literária ecoou tão fortemente nos escritos das gerações mais novas que o romancista argentino Manuel Mujica Láinez se sentiu movido a escrever a seguinte quadra:

A un joven escritor

Inútil es que te forjes
Idea de progresar
Porque aunque escribas la mar
Antes lo habrá escrito Borges.[10]

Aos trinta anos ele já tinha descoberto tudo, até as sagas anglo-saxãs que ocupariam tanto dos seus estudos posteriormente: já em 1932, explorara essas literaturas distantes em «As ‹Kennigar›», uma meditação sobre a artificialidade e o efeito das metáforas. Manteve-se fiel

---

10 Em tradução livre: «Inútil que te forjes/ ideia de avançar,/ pois ainda que escrevas o mar/ antes o escreveu Borges». [N. T.]

aos temas de sua juventude, que retomava diversas vezes, em décadas de destilação, interpretação e reinterpretação.

Sua linguagem (e o estilo com o qual escrevia nessa linguagem) originava-se principalmente de suas leituras e de suas traduções para o espanhol de autores como Chesterton e Schwob. Em parte, também vinha de conversas cotidianas, do hábito civilizado de sentar à mesa de um café ou de jantar com amigos e discutir as grandes e eternas questões com humor e franqueza. Era talentoso com paradoxos, com expressões discretas e esclarecedoras, com absurdos elegantes, como em sua advertência ao sobrinho, de cinco ou seis anos: «Se você se comportar, eu lhe dou permissão para pensar num urso».

Não tinha paciência com burrice e disse certa vez, após conhecer um professor universitário particularmente obtuso: «Prefiro conversar com um malandro inteligente». Na Argentina, sempre houve uma tendência nacional para a conversa, para expressar a vida em palavras. Em outras sociedades, uma discussão metafísica durante um café pode parecer pretensiosa ou absurda, mas não na Argentina. Borges adorava conversar, e para a suas refeições sempre escolhia o que chamava de «alimento discreto», arroz branco ou macarrão, para que a refeição em si não o distraísse da conversa. Ele acreditava que o que um homem vivenciou pode ser vivenciado por qualquer homem, e quando jovem não ficou surpreso ao conhecer um amigo de seu pai que, sozinho, redescobrira as ideias de Platão e outros filósofos. Macedonio Fernández escrevia e lia pouco, mas pensava muito e conversava brilhantemente. Ele se tornou, para Borges, a encarnação do puro pensamento: um homem que, durante longas conversas num café, perguntava e tentava resolver as velhas questões metafísicas sobre tempo e existência, sonhos e realidade, as quais Borges levantaria posteriormente em seus livros. Ele dizia: «Você deve ter percebido, Borges» ou «Você deve ter notado, Fulano» e depois atribuiria a Fulano ou a Borges uma descoberta que acabara de fazer. Tinha um senso de absurdo excepcional e um humor mordaz. Uma vez, para dispensar um fã de Victor Hugo, que Macedonio achava prolixo, exclamou: «Victor Hugo, ah, aquele gringo insuportável! O leitor já foi embora e ele continua falando». Outra vez, quando lhe perguntaram se tinha havido muito público em certo evento cultural irrelevante, Macedonio respondeu: «Tantos faltaram que, se mais um tivesse deixado de ir, não teria conseguido entrar». (Infelizmente, a autoria desse celebrado *bon mot* é disputada... De acordo com Borges, foi criado por um primo seu, Guillermo Juan Borges, «inspirado» por Macedonio.) Borges sempre se lembrava de Macedonio como um habitante arquetípico de Buenos Aires.

Da riqueza barroca de um dos seus primeiros livros, *Evaristo Carriego*, aos tons lacônicos de histórias como

«A morte e a bússola» (que se passa numa cidade pseudônima) e «O morto», e a longa fábula posterior «O congresso», Borges construiu para Buenos Aires uma cadência e uma mitologia que ainda hoje identificam essa cidade. Quando Borges começou a escrever, Buenos Aires (tão distante da Europa, considerada o centro cultural) era vaga e indistinta, e parecia requerer uma imaginação literária para impô-la à realidade. Borges lembrava que, quando o hoje esquecido Anatole France visitou a Argentina na década de 1920, Buenos Aires pareceu «um pouco mais real» porque agora Anatole France sabia que ela existia. Hoje, Buenos Aires parece mais real porque existe nas páginas de Borges. A Buenos Aires que Borges propõe aos leitores está enraizada na vizinhança de Palermo, onde ficava a casa de sua família; atrás das grades do jardim, passavam-se as histórias e os poemas sobre *compadritos*, gângsteres locais que ele enxergava como marginais guerreiros e poetas, em cujas vidas violentas escutava ecos modestos de *A Ilíada* e das antigas sagas vikings. A Buenos Aires de Borges é também o centro metafísico do mundo: no 19º degrau que leva ao porão da casa de Beatriz Viterbo é possível ver o Aleph, o ponto onde se concentra o universo inteiro; a antiga Biblioteca Nacional na calle Mexico é a Biblioteca de Babel; a mobília polida e os espelhos escuros das antigas mansões de Palermo ameaçam o leitor que os encara com o horror de que um dia reflitam um rosto que não seja o seu; o tigre no zoológico de Buenos Aires é um importante símbolo da perfeição que sempre deve ser negada ao escritor, mesmo nos sonhos.

Tigres eram seu animal emblemático, desde a infância. «Que pena não ter nascido um tigre», disse ele certa vez, enquanto líamos uma história de Kipling em que figurava o fantasma do animal. Sua mãe se lembrava de arrastá-lo gritando, aos três ou quatro anos, para longe da jaula do tigre quando era hora de ir para casa, e um dos primeiros rabiscos dele que ela guardou era de um tigre listrado desenhado com giz de cera colorido na folha dupla de um álbum de recortes. Posteriormente, as marcas de um jaguar visto no zoológico de Buenos Aires fizeram com que ele imaginasse um sistema de escrita impresso na pelagem do animal — e o resultado foi o esplêndido conto «A escrita do deus». Uma menção a tigres o fazia citar uma observação feita por sua irmã Norah quando eram crianças: «Os tigres parecem ter sido criados para o amor». Alguns meses antes de falecer, um rico proprietário de terras o convidou para sua *estancia* e prometeu «uma surpresa». Ele sentou o já velho Borges num banco do jardim e o deixou lá. De repente, Borges sentiu um corpo grande e morno perto de si, e grandes patas se apoiando nos seus ombros. O tigre de estimação do *estanciero* estava prestando uma homenagem àquele que sonhava com ele. Borges não teve medo. Apenas o hálito quente fedendo a carne crua o incomodou. «Tinha esquecido que os tigres são carnívoros.»

Pegamos um táxi para a casa de Bioy e Silvina Ocampo, um apartamento espaçoso com vista para o parque. Há algumas décadas, Borges passa várias noites toda semana no apartamento deles. A comida é terrível — legumes cozidos e uma colher de dulce de leche *de sobremesa, mas Borges nem percebe. Hoje, um de cada vez, Bioy, Silvina e Borges contam os sonhos que tiveram. Silvina, com uma voz grave e trêmula, menciona que sonhou que estava se afogando, mas que não se tratava de um pesadelo: ela não estava sentindo dor, não tinha medo, apenas sentia que estava se dissolvendo, transformando-se em água. Bioy menciona então que sonhou que se encontrava à frente de portas duplas. Ele sabia, com aquela certeza que se sente às vezes nos sonhos, que a porta à direita o levaria para um pesadelo; então pegou a da esquerda e teve um sonho tranquilo. Borges observa que os dois sonhos, o de Silvina e o de Bioy, são de certa forma idênticos, pois os sonhadores conseguiram evitar o pesadelo, um se entregando a ele e o outro se recusando a entrar nele. Então recorda um sonho descrito por Boécio. No sonho, Boécio está assistindo a uma corrida de cavalos: ele vê os cavalos, o início da corrida, as diferentes fases e momentos até um dos cavalos cruzar a linha de chegada. Mas então Boécio vê outro sonhador, que vê o próprio Boécio, os cavalos, a corrida, tudo ao mesmo tempo, num único instante. Para aquele sonhador, que é Deus, o resultado da corrida depende dos cavaleiros, mas o resultado já é sabido por Deus, o Sonhador. Para Deus, diz Borges, o sonho de Silvina seria tanto agradável quanto um pesadelo, e no sonho de Bioy seria necessário passar pelas duas portas ao mesmo tempo. «Para aquele sonhador colossal, cada sonho é equivalente à eternidade, que contém todos os sonhos e todos os sonhadores.»*

Borges conheceu Bioy em 1930, quando Victoria Ocampo, a formidável *dame des lettres*, apresentou o tímido Borges de 31 anos ao brilhante jovem de dezessete anos. A amizade dos dois, diria Borges, ia se tornar o relacionamento mais importante de sua vida, propiciando-lhe não apenas um parceiro intelectual, mas alguém que amortecia seu prazer com uma intensa imaginação e com um interesse maior pela psicologia e pelas circunstâncias sociais de sua literatura. Borges usava ironia e eufemismo; Bioy, uma ingenuidade enganadora que levava o leitor a acreditar que as intenções de certo personagem refletiam a verdade de uma situação quando na verdade a traiam ou ignoravam. Borges resumiu o método do amigo no início de «Tlön Uqbar, Orbis Tertius» (uma história em que Bioy aparece como personagem): «Bioy Casares jantara comigo naquela noite, e nós nos demoramos em uma longa discussão a respeito da escrita de um romance na primeira pessoa, cujo narrador omitia ou alterava os fatos e ficava sujeito a várias contradições que permitiam que alguns leitores — pouquíssimos leitores — adivinhassem a existência de uma realidade terrível ou trivial».

«Eu gostaria», disse Borges, «de escrever uma história que tivesse os traços de um sonho. Já tentei. Acho que nunca consegui».

Borges era um sonhador entusiasmado e gostava de contar seus sonhos. Aqui, no «mundo do tudo é possível», ele sentia que podia se libertar dos seus pensamentos e medos, que, completamente livres, criariam suas próprias histórias. Ele gostava particularmente dos minutos que precediam o sono, aquele período entre o sono e a vigília em que, dizia, era «consciente de estar perdendo a consciência». «Digo palavras sem sentido para mim mesmo, vejo lugares desconhecidos, deixo-me escorregar pela ladeira dos sonhos.» Às vezes, o sonho dava uma pista ou um início para uma história. *A memória de Shakespeare*, por exemplo, começou com uma frase que escutou num sonho: «Venderei a você a memória de Shakespeare». «As ruínas circulares» (a história de um homem que sonha só para descobrir que ele mesmo é um sonho) começou em mais um sonho e o levou a uma semana de completo arrebatamento — a única vez, disse Borges, em que se sentiu verdadeiramente «inspirado», em vez de no controle consciente da sua criação. (Também acredito que a história, e talvez o sonho, seja inspirada por uma memória da *Eneida*, pois a chegada de Eneias ao mundo dos sonhos dos mortos «entre juncos descoloridos num lamaçal horrendo» é certamente a mesma do sonhador na ilha das ruínas circulares.)

Dois pesadelos assombraram Borges durante toda a sua vida: os espelhos e o labirinto. O labirinto, descoberto pela primeira vez durante sua infância numa gravura em chapa de cobre das Sete Maravilhas do Mundo, fez com que temesse «uma casa sem portas» em cujo centro havia um monstro à sua espera; os espelhos o aterrorizavam devido à suspeita de que um dia mostrariam o reflexo de um rosto que não era o seu, ou pior ainda: um reflexo sem rosto. Héctor Bianciotti lembra que, quando Borges estava acamado e doente em Genebra, pouco antes de sua morte, pediu a Marguerite Yourcenar, que tinha ido visitá-lo, para encontrar o apartamento que sua família ocupara durante sua estadia na Suíça e voltar para descrever como estava. Ela obedeceu, mas deixou de incluir um detalhe: agora, quando alguém entrava no apartamento, um espelho gigante de moldura dourada refletia o visitante dos pés à cabeça. Yourcenar poupou Borges dessa intrusão atormentadora.

Bioy era um dos vários homens que Borges sabia que nunca seria. Era o parceiro intelectual do velho escritor, mas também bonito, rico e um esportista bem-sucedido. Quando Borges escreveu «Eu, que fui tantos homens, nunca fui aquele em cujos braços Mathilde Urbach se derretia», talvez estivesse pensando em Bioy, o conquistador. Bioy nunca disfarçou o fato de que as mulheres eram sua paixão, junto com os livros (ou, com base nos seus diários publicados postumamente, mais do que os livros). Para Borges, o conhecimento do amor devia ser encontrado na literatura, nas palavras de Antônio shakespeariano e do soldado de Kipling em *Without Benefit of Clergy*, nos poemas de Swinburne e de Enrique Banchs. Para Bioy, era um exercício diário a que ele se dedicava com a devoção de um lepidóptero. Ele citava Victor Hugo — «*aimer, c'est agir*» —, mas acrescentava que essa verdade devia ser escondida das mulheres. Bioy adorava a França e sua literatura tanto quanto Borges amava a Inglaterra e a literatura anglo-saxã, o que não era uma questão que os separasse, mas sim o começo de muitas conversas. Na verdade, tudo entre eles parecia levar a uma troca de palavras. Enquanto trabalhavam juntos num dos quartos dos fundos do apartamento de Bioy, pareciam alquimistas construindo um homúnculo, criando algo que era uma combinação das feições dos dois e diferente de ambos ao mesmo tempo. Com aquela voz nova que não era tão satírica quanto a de Bioy nem tão cerebral quanto a de Borges, compunham histórias e zombavam dos ensaios de H. Bustos Domecq, um homem de letras que tinha uma visão aparentemente inocente em relação aos absurdos da sociedade argentina. Bustos Domecq gostava especialmente das excentricidades e horríveis expressões da linguagem argentina, e um de seus contos tinha como epígrafe apenas a fonte da citação: Isaías 6,5. O leitor curioso (ou bem informado) descobrirá que se trata de: «Então disse eu: ‹Ai de mim, estou perdido! Com efeito, sou homem de lábios impuros e vivo no meio de um povo de lábios impuros›». Bioy compartilhava com Borges as coisas que tinha escutado entre as «pessoas de lábios impuros», e eles caíam na risada.

O relacionamento com Silvina era diferente. Durante o jantar, Borges e Bioy lembravam, enfeitavam e inventavam uma variedade de anedotas literárias, recitavam passagens do melhor e do pior da literatura e essencialmente se divertiam bastante, gargalhando alto. Silvina contribuía com o diálogo apenas de vez em quando. Apesar de ter compilado, com os dois, uma antologia essencial da literatura fantástica com tradução espanhola e de ter escrito um romance policial com Bioy, *Los que aman, odian*, suas sensibilidades literárias eram claramente diferentes, estando mais próximas do humor negro dos surrealistas, com quem Borges antipatizava. Borges achava as histórias dela cruéis demais, algo estranho para alguém que admirava gângsteres e criminosos. Silvina era poeta, dramaturga e pintora, mas certamente será lembrada por seus contos sarcásticos e enganosamente simples, a maioria dos quais pertencente ao mundo da literatura fantástica, mas construídos com a atenção minuciosa de uma cronista da vida cotidiana. Italo Calvino, que escreveu a introdução da edição italiana da obra dela, confessou que não conhecia «nenhum outro escritor que capturasse melhor a magia dos rituais cotidianos, o rosto proibido que nossos espelhos não nos mostram».

Certa noite, enquanto Borges e Bioy trabalhavam num dos quartos dos fundos de onde, de vez em quando, irrompiam gargalhadas compartilhadas, Silvina pegou uma cópia dos livros de *Alice* e leu alguns trechos preferidos com sua voz lúgubre e cadenciada. No meio de «A morsa e o carpinteiro», ela de repente sugeriu que nós dois colaborássemos num thriller fantástico para o qual ela encontrara o título perfeito, tirado da súplica da ostra: *A Dismal Thing to Do*. O projeto nunca foi além do planejamento de um terrível assassinato, mas nos levou a uma longa discussão sobre o humor de Emily Dickinson, a influência da ficção policial na obra de Franz Kafka, se a literatura pode se modernizar por meio da tradução, o fato de que Andrew Marvell tenha escrito apenas um poema bom, o conselho que Giorgio de Chirico lhe deu enquanto a ensinava a pintar — um pintor nunca deve mostrar suas pinceladas —, a música romântica e curiosamente ruim de Pablo Neruda, «*Eras la boina gris*», que começa assim: «Você era a boina cinza e o coração em paz». (Silvina repetia «*boina, boina*» e perguntava com sua voz grave e trêmula: «Você *gosta* dessa palavra?».) Silvina falava quase tudo com um ritmo meio encantatório que enfeitiçava qualquer um por muitas horas. Durante nossa conversa, manteve o rosto na sombra e os olhos atrás dos óculos grossos e escuros, pois achava que suas feições eram feias, e tentava desviar a atenção para suas belas pernas, que cruzava e descruzava incessantemente.

Borges nunca considerou que Silvina estava à sua altura intelectualmente: os interesses e os textos dela eram muito distantes dos seus. Os poemas dela tinham algo de Emily Dickinson e algo de Ronsard; seus temas, no entanto, eram unicamente seus: o país desorganizado que amava, os jardins da cidade, os pequenos momentos de felicidade, perplexidade, vingança. Suas pinturas — a maioria retratos — tinham as superfícies planas e as cores de Chirico, mas ela fazia coisas estranhas com os olhos do modelo para que parecessem revelar algo sombrio e proibido. Suas histórias descreviam um cotidiano sobrenatural: uma mulher à beira da morte é confrontada por todos os objetos que possuiu no passado e obrigada a perceber que eles constituem seu inferno particular; um garoto convida para sua festa de aniversário os sete pecados capitais disfarçados de garotinhas; uma criança é abandonada num motel e se torna involuntariamente o instrumento de vingança de uma mulher; dois estudantes trocam de destino e mesmo assim não conseguem escapar de sua sina. Na maior parte de sua ficção, os heróis são crianças e animais, pois em ambos ela reconhecia uma inteligência que ultrapassava a razão. Silvina amava cachorros. Quando o preferido dela morreu, Borges a encontrou aos prantos e tentou consolá--la dizendo que havia um cachorro platônico além de todos os cachorros e que todo cachorro era O Cachorro. Silvina ficou furiosa e o mandou lamber sabão.

Nos últimos anos de sua vida (ela morreu em 1993, com 88 anos), Silvina sofreu de Alzheimer e perambulou por seu grande apartamento sem conseguir lembrar onde estava ou quem era. Um dia, um amigo a encontrou lendo um livro de contos. Cheia de entusiasmo, ela disse (sem conseguir reconhecê-lo, claro, mas já tinha se acostumado com a presença de desconhecidos) que leria para ele algo maravilhoso que acabara de descobrir. Era uma história de um dos seus primeiros livros, e um dos mais famosos, *Autobiografia de Irene*. O amigo escutou e disse que ela tinha razão. Era uma obra-prima.

Borges não fala muito sobre ser amigo de escritores, mas sobre ser leitor deles, como se pertencessem ao mundo da biblioteca, e não ao cotidiano. Mesmo na esfera da amizade, o papel de leitor é predominante. De leitor, não de escritor. Borges acredita que o leitor assume a tarefa do escritor. «Não é possível saber se um poeta é bom ou ruim sem ter uma ideia do que ele se propôs a fazer», ele me diz enquanto caminhamos pela Calle Florida, parando onde quer que a citação exija enquanto a multidão apressada passa por nós, muitos reconhecendo o velho escritor cego. «E, se eu não conseguir entender um poema, não posso saber qual era sua intenção.» Então ele cita uma frase de Corneille, um escritor que não admira, elogiando o belo oxímoro: «Cette obscure clarté qui tombe des étoiles». «Ótimo», diz ele. «Agora somos um pouco Corneille». Então ri e volta a andar. Corneille ou Shakespeare, Homero ou os soldados de Hastings — ler é, para Borges, uma maneira de ser todos esses homens que ele sabe que nunca será: homens de ação, grandes amantes, guerreiros. Para ele, ler é uma forma de panteísmo, aquela antiga escola filosófica que interessara a Espinosa. Menciono seu conto «O imortal», em que Homero vive ao longo dos séculos, incapaz de morrer e usando vários nomes. Borges para de andar novamente e diz: «Os panteístas imaginavam o mundo como se fosse habitado por apenas uma pessoa, Deus. Ele estaria sonhando com todas as criaturas do mundo, incluindo nós. Segundo essa filosofia, somos o sonho de Deus e nem sabemos». E então continua: «Mas será que Deus sabe que há pedacinhos Dele andando agora em meio à multidão da Calle Florida?». Ele para mais uma vez: «Talvez isso não seja da nossa conta».

Seu maior interesse era a literatura, e nenhum escritor desse século vociferador foi tão importante para mudar nosso relacionamento com a literatura quanto ele. Talvez outros escritores tenham sido mais aventureiros, mais entusiasmados em suas viagens por nossas geografias secretas. De fato, outros escritores documentaram mais vividamente nossos rituais e misérias sociais, assim como outros exploraram com maior sucesso as regiões amazônicas da nossa psique. Borges não tentou quase nada ou nada disso. Durante sua longa vida, desenhou mapas para que lêssemos aquelas outras explorações — especialmente no mundo do seu gênero literário preferido, o fantástico, que em seus livros incluíam religião, filosofia e matemática avançada. Lia teologia com um prazer entusiasmado. «Sou o oposto do católico argentino», disse-me. «Eles acreditam, mas não se interessam; eu me interesso, mas não acredito». Admirava o uso metafórico dos símbolos cristãos feito por santo Agostinho. «A cruz de Cristo nos salvou do labirinto circular dos estoicos», citava, deliciado. E depois acrescentava: «Mas ainda prefiro o labirinto circular».

Mesmo ao ler livros sobre religião ou filosofia, o que o interessava era a voz literária que, para ele, precisava ser individual, nunca nacional, nunca de um grupo ou de uma escola de pensamento. Lembrava-se de Valéry, que desejava uma literatura sem datas, sem nomes, sem nacionalidades, em que todos os escritos seriam criações de um mesmo espírito, o Espírito Santo. «Na universidade, não estudamos literatura», reclamava. «Estudamos a história da literatura».

Apesar disso, Borges mudou para sempre a noção de literatura, e por consequência a de história da literatura. Num texto famoso cuja primeira versão foi publicada em 1952, ele escreveu: «Todo escritor cria seus próprios precursores». Com essa afirmação, adotou uma longa linhagem de escritores que agora parecem borgianos *avant la lettre*: Platão, Novalis, Kafka, Schopenhauer, Rémy de Gourmont, Chesterton... E até escritores que parecem estar além de quaisquer pretensões individuais, clássicos entre os clássicos, pertencem agora às suas leituras, como Cervantes depois de Pierre Menard. Para um leitor de Borges, até Shakespeare e Dante têm às vezes certo eco borgiano: a fala de Preboste em *Medida por medida* sobre ser «insensível à ideia da morte e irremediavelmente mortal»[11] e aquele verso no quinto canto do *Purgatório* que descreve Bonconte «fugindo a pé e ensanguentado o plano»[12] estão certamente na mão de Borges.

11 William Shakespeare. *Medida por medida*. Trad. Carlos Alberto Nunes. In: *Comédias*. Rio de Janeiro: Agir, 2008, p. 555.
12 Dante Alighieri. *A divina comédia*. Trad. Vasco Graça Moura. São Paulo: Landmark, 2005.

Em «Pierre Menard, autor do Quixote», ele argumentou que o livro muda de acordo com os atributos do leitor. Quando o texto apareceu pela primeira vez na revista *Sur*, em maio de 1939, vários leitores presumiram que Pierre Menard era real; um leitor chegou até a dizer a Borges que não havia nada de novo no que ele havia descrito, que tudo tinha sido observado por outros escritores antes. Pierre Menard é, claro, uma invenção, uma imaginação esplêndida e hilária, mas a noção de um texto que muda de acordo com as presunções do leitor é antiga. De autores inventados, como o Ossian de Macpherson, cujos versos fizeram Werther chorar como se pertencessem a um antigo bardo celta, às aventuras da «vida real» de Robinson Crusoé e Sir John Mandeville, que fizeram entusiastas da verdade arqueológica explorarem a ilha Juan Fernández e desenterrarem as ruínas do que talvez tenha sido Catai; do *Cântico dos Cânticos* sendo estudado como texto sagrado a *Viagens de Gulliver* sendo catalogado desdenhosamente como livro infantil, os leitores sempre leem de acordo com suas próprias crenças e vontades. Em «Pierre Menard», Borges meramente estende essa ideia até sua conclusão fundamental e fixa firmemente o conceito fluido de autoria no mundo daquele que resgata as palavras da página. Depois de Borges, depois da revelação de que é na verdade o leitor que dá vida e título às obras literárias, a noção de literatura como mera criação do autor se tornou impossível. Para Borges, a «morte do autor» não era um evento trágico. Ele se divertia com essas subversões. «Imagine», dizia ele, «ler *Dom Quixote* como um romance policial. *En un lugar de la Mancha, de cuyo nombre no quiero acordarme...* O autor nos diz que não quer lembrar o nome da vila. Por quê? Que pista está escondendo? Como leitores de um romance policial, devemos suspeitar de algo, não?» E ria.

Mais uma das subversões de Borges é a noção de que todo livro, qualquer um, contém a promessa de todos os outros, tanto mecanicamente quanto intelectualmente. Borges acreditava nisso contanto que a ideia pudesse ser levada aos seus limites extremos. Cada texto é uma combinação das 24 letras do alfabeto (ou mais ou menos, de acordo com cada idioma). Por isso, uma combinação infinita delas nos daria uma biblioteca completa de cada livro imaginável do passado, do presente e do futuro: «a história meticulosa do futuro, as autobiografias dos arcanjos, o catálogo fiel da biblioteca, milhares e milhares de catálogos falsos, a demonstração de que esses catálogos são falsos, a demonstração de que na verdade o catálogo real é falso, o evangelho gnóstico de Basilides, o comentário desse evangelho, o comentário do comentário, o relato verídico de sua morte, a tradução de cada livro para cada língua, a interpolação de cada livro em todos os outros livros, o tratado que o Venerável Beda foi incapaz de escrever (e de fato não escreveu) sobre a mitologia dos saxões, os livros perdidos de Tácito» (em *A biblioteca de Babel*, cuja primeira versão escreveu em 1939).

O oposto também é verdadeiro. A livraria infinita pode ser considerada supérflua (como uma nota de rodapé da história sugere e dois textos posteriores, «Undr» e «O livro de areia», deixam claro) pois um único livro pode conter todos os outros. Essa é a ideia por trás de «Exame da obra de Herbert Quain», de 1941, em que um escritor imaginário inventa uma série infinita de romances baseados na noção de progressão geométrica. Uma vez, após perceber que tínhamos lido Dante de maneiras que ele não poderia ter imaginado, bem além dos «quatro níveis» de leitura descritos na carta de Dante a Can Grande della Scala, Borges lembrou-se de uma observação feita pelo místico Escoto Erígena, do século IX. De acordo com o autor de *Sobre a divisão da natureza*, há tantas leituras de um texto quanto há de leitores; Erígena comparou essa multiplicidade de leituras às cores da cauda de um pavão. Texto após texto, Borges explorou e expôs as leis desse espectro do pavão.

Devido a essas renovações e subversões, ele não era popular com todos. Quando suas primeiras histórias apareceram na França, Etiemble observou ironicamente que Borges era «um homem a ser eliminado», pois seu trabalho ameaçava a noção de autoria. Outros, especialmente na América Latina, sentiam-se ofendidos por sua falta de interesse documental e por evitar a literatura como reportagem. Já em 1926, os críticos de Borges o acusavam de muitas coisas: de não ser argentino («ser argentino», observara ele sarcasticamente, «é um ato de fé»); de sugerir, como Oscar Wilde, que a arte é inútil; de não exigir que a literatura tivesse um propósito moralizante ou pedagógico; de apreciar demais a metafísica e o fantástico; de preferir uma teoria interessante à verdade; de discutir ideias filosóficas e religiosas pelo seu valor estético; de não se envolver politicamente (apesar de sua forte oposição ao peronismo e ao fascismo); de tolerar o lado errado (como quando apertou as mãos de Videla e de Pinochet, atos pelos quais se desculpou posteriormente, quando assinou uma petição em nome dos *desaparecidos*). Ele não fazia caso das críticas por achar que eram ataques às suas opiniões («o aspecto menos importante de um escritor») e à sua política («a mais miserável das atividades humanas»). Disse que ninguém jamais seria capaz de acusá-lo de ser a favor de Hitler ou de Perón.

Ele fala de Perón mas tenta não mencionar seu nome. Diz que ouviu falar que, em Israel, quando alguém testa uma caneta nova, em vez de assinar o próprio nome escreve o nome do antigo inimigo dos hebreus, os amalecitas, e depois o risca — milhares de anos depois. Borges diz que continuará riscando o nome de Perón toda vez que puder. De acordo com ele, depois que Perón chegou ao poder em 1946, exigia-se que qualquer pessoa que quisesse um emprego oficial pertencesse ao Partido Peronista. Borges se recusou e foi transferido de sua posição de bibliotecário assistente numa pequena filial municipal para a de inspetor de aves domésticas num mercado local. De acordo com outros, a transferência foi menos prejudicial, mas igualmente absurda: teria sido mandado para a Escola Apiária Municipal. De todo modo, Borges pediu demissão. Após a morte do pai em 1938, ele e a mãe dependiam inteiramente de seu salário de bibliotecário. Por isso, após a demissão, precisava encontrar outra maneira de ganhar a vida. Apesar de sua timidez, começou a dar palestras e a desenvolver um estilo e uma voz que ainda usa. Eu o vi se preparar para uma conferência que faria no Instituto Italiano de Cultura. Ele decorara o texto inteiro, frase após frase, parágrafo após parágrafo, repetindo-o até cada hesitação, cada busca aparente pela palavra correta, cada tirada estarem inteiramente enraizadas na sua mente. «Considero minhas palestras a vingança do tímido», diz ele, rindo.

Apesar do seu humanismo essencial, em alguns momentos seus preconceitos o tornavam surpreendente e horrivelmente pueril. Por exemplo, de vez em quando exprimia um racismo absurdo e batido que de repente transformava o leitor inteligente e entusiasmado num tolo momentâneo que oferecia, como prova da inferioridade do homem negro, a falta de uma cultura negra de importância universal. Nesses casos, era inútil discutir ou tentar justificá-lo.

O mesmo era verdadeiro no mundo da literatura, no qual era mais fácil reduzir suas opiniões a questões de simpatia ou capricho. É possível construir uma história da literatura perfeitamente aceitável apenas com autores que Borges rejeitou: Austen, Goethe, Rabelais, Flaubert (exceto o primeiro capítulo de *Bouvard et Pécuchet*), Calderón, Stendhal, Zweig, Maupassant, Boccaccio, Proust, Zola, Balzac, Galdós, Lovecraft, Edith Wharton, Neruda, Alejo Carpentier, Thomas Mann, García Márquez, Amado, Tolstói, Lope de Vega, Lorca, Pirandello... Ele não se interessava (após os experimentos de sua juventude) por novidade pela novidade. Afirmava que o escritor não devia cometer a descortesia de surpreender o leitor. Buscava na literatura conclusões que eram impressionantes e óbvias ao mesmo tempo. Ao lembrar que Ulisses, cansado de prodígios, chorou de amor ao avistar sua verde Ítaca, concluiu: «A arte deve ser como essa Ítaca: de eternidade verde, não de prodígios».

Na véspera de Ano-Novo de 1967, numa quente e ruidosa Buenos Aires, estou perto do apartamento de Borges e decido lhe desejar felicidades. Ele está em casa. Tomou uma taça de sidra no apartamento de Bioy e Silvina, e agora está sentado em casa, trabalhando. Não presta atenção aos assobios e petardos, «pessoas celebrando obedientemente como se mais uma vez o fim do mundo estivesse próximo», pois está compondo um poema. Seu amigo Xul Solar lhe disse, muitos anos atrás, que o que a pessoa faz na véspera do Ano-Novo reflete sua atividade nos próximos meses, e Borges seguia fielmente essa advertência. Toda véspera de Ano-Novo, começava um texto para que o ano seguinte o concedesse mais escritos. «Pode anotar algumas palavras para mim?», pergunta. Trata-se de uma lista, como muitas vezes acontece, pois, diz Borges, «fazer listas é uma das atividades mais antigas do poeta». «A bengala, as moedas, o chaveiro», ele começa. Não me lembro dos outros objetos ternamente recordados, que levavam à última frase: «Nunca saberão que partimos».

A última vez que li para ele foi em 1968; sua escolha para aquela noite foi a história de Henry James *The Jolly Corner*. A última vez que o vi foi em 1985, na sala de jantar no subsolo do L'Hôtel em Paris. Falava desanimado sobre a Argentina e disse que, apesar de podermos chamar um lugar de nosso e dizer que moramos nele, na verdade estamos nos referindo a um grupo de poucos amigos cujas companhias definem aquele ou qualquer outro espaço como nosso. Falou sobre as cidades que considerava dele — Genebra, Montevidéu, Nara, Austin, Buenos Aires — e se perguntou (e escreveu um poema sobre isso) em qual delas morreria. Descartou Nara, no Japão, onde tinha «sonhado com a terrível imagem do Buda, que eu não tinha visto mas toquei». «Não quero morrer numa linguagem que não entendo», me disse. Borges disse que ansiava pelo fim. Também falou que não compreendia Unamuno, que escrevera que desejava a imortalidade. «Alguém que deseja a imortalidade deve ser louco, não?»

No caso de Borges, era sua obra, seu material, as coisas que compunham seu universo que eram imortais, e por isso ele próprio não sentia a necessidade de buscar uma existência perpétua. «O número de temas, de palavras, de textos é limitado. Portanto nada jamais se perde. Se um livro é perdido, então alguém vai escrevê-lo novamente em algum momento. Essa imortalidade já devia bastar para as pessoas», ele me disse enquanto falava da destruição da Biblioteca de Alexandria.

Há escritores que tentam colocar o mundo num livro. Há outros, mais raros, para quem o mundo é um livro, que eles tentam ler para si mesmos e para os outros. Borges era um desses escritores. Ele acreditava, contra todas as probabilidades, que nosso dever moral era ser feliz, e que a felicidade podia ser encontrada nos livros, apesar de não conseguir explicar a razão disso. «Não sei exatamente por que acredito que um livro nos traz a possibilidade de sermos felizes», disse ele. «Mas me sinto verdadeiramente agradecido por esse simples milagre». Confiava na palavra escrita apesar de toda a sua fragilidade, e com seu exemplo concedeu a nós, seus leitores, acesso à biblioteca infinita que outros chamam de Universo. Faleceu em 14 de junho de 1986, em Genebra, cidade em que descobrira Heine e Virgílio, Kipling e De Quincey, e onde leu pela primeira vez Baudelaire, que adorava na época (ele decorou *As flores do mal*) e agora abominava. O último livro lido para ele, por uma enfermeira do hospital que falava alemão, foi *Heinrich von Ofterdingen*, de Novalis, que ele lera pela primeira vez durante a adolescência em Genebra.

Estas, porém, não são memórias; são memórias das memórias das memórias, e os acontecimentos que as inspiraram desapareceram, deixando apenas algumas imagens, algumas palavras, e não consigo ter certeza nem de que elas mesmas se passaram como lembro. «Eu me comovo com as pequenas sabedorias que são perdidas a cada morte», disse sabiamente Borges em sua juventude. O garoto que subiu a escada está perdido em algum lugar no passado, assim como o velho sábio que gostava de histórias. Ele se deliciava com metáforas antigas — o tempo como um rio e a vida como uma viagem e uma batalha. Essa batalha e essa viagem agora acabaram para ele, e o rio levou quase tudo daquelas noites, exceto a literatura, que (Borges citaria Verlaine) é o que resta após o que é essencial e está sempre além do que manifestou o alcance das palavras.

A leitura chega ao fim. Borges faz um último comentário — sobre a juventude de Kipling, sobre a simplicidade de Heine, sobre a complexidade infinita de Góngora, tão diferente da complexidade artificial de Gracián, sobre como não há descrição do pampa em Martín Fierro, *sobre a música de Verlaine, sobre a bondade de Stevenson. Observa que todo escritor deixa duas obras, a escrita e a imagem de si próprio, e que ambas se acompanham até o fim. «Um escritor pode no máximo ter esperanças de levar ao menos uma a uma conclusão digna, não é?» E então, com um sorriso, complementa: «Mas com quanta convicção?». Ele se levanta. Oferece pela segunda vez a mão anódina. Acompanha-me até a porta. «Boa noite», diz. «Até amanhã, não é?» Não espera resposta. E então a porta se fecha lentamente.*

DAS ANDERE

1. Kurt Wolff *Memórias de um editor*
2. Tomas Tranströmer *Mares do Leste*
3. **Alberto Manguel *Com Borges***
4. Jerzy Ficowski *A leitura das cinzas*
5. Paul Valéry *Lições de poética*
6. Joseph Czapski *Proust contra a degradação*
7. Joseph Brodsky *A musa em exílio*
8. Abbas Kiarostami *Nuvens de algodão*
9. Zbigniew Herbert *Um bárbaro no jardim*
10. Wisława Szymborska *Riminhas para crianças grandes*
11. Teresa Cremisi *A Triunfante*
12. Ocean Vuong *Céu noturno crivado de balas*
13. Multatuli *Max Havelaar*
14. Etty Hillesum *Uma vida interrompida*
15. W. L. Tochman *Hoje vamos desenhar a morte*
16. Morten R. Strøksnes *O Livro do Mar*
17. Joseph Brodsky *Poemas de Natal*
18. Anna Bikont e Joanna Szczęsna *Quinquilharias e recordações*
19. Roberto Calasso *A marca do editor*
20. Didier Eribon *Retorno a Reims*
21. Goliarda Sapienza *Ancestral*
22. Rossana Campo *Onde você vai encontrar um outro pai como o meu*
23. Ilaria Gaspari *Lições de felicidade*
24. Elisa Shua Dusapin *Inverno em Sokcho*
25. Erika Fatland *Sovietistão*
26. Danilo Kiš *Homo Poeticus*
27. Yasmina Reza *O deus da carnificina*
28. Davide Enia *Notas para um naufrágio*
29. David Foster Wallace *Um antídoto contra a solidão*
30. Ginevra Lamberti *Por que começo do fim*
31. Géraldine Schwarz *Os amnésicos*
32. Massimo Recalcati *O complexo de Telêmaco*
33. Wisława Szymborska *Correio literário*
34. Francesca Mannocchi *Cada um carregue sua culpa*
35. Emanuele Trevi *Duas vidas*

Composto em Lyon Text e GT Walsheim
Belo Horizonte, 2022